Tarot KAWAII

ILLUSTRATIONS

* LULU MAYO *

FIRST
ÉDITIONS

SOMMAIRE

INTRODUCTION...4

L'HISTOIRE EN (TRÈS) BREF... 6

PRENEZ SOIN DE VOS CARTES... 8

... ET ELLES PRENDRONT
SOIN DE VOUS... 9

COMMENT LIRE LES CARTES... 11

POUR BATTRE LES CARTES,
IL EXISTE PLUSIEURS MÉTHODES... 12

LES ARCANES MAJEURS...16

LES ARCANES MINEURS...29

L'AVENTURE CONTINUE...62

INTRODUCTION

Félicitations ! Vous avez entre les mains votre propre jeu de tarot super mignon. Vous avez fait le bon choix, car il existe presque autant de modèles de cartes de tarot que de personnes. Que vous aimiez les chats, le rock gothique, ou Salvador Dalí, vous trouverez forcément un tarot pour vous.

Mais vous avez choisi le *Tarot Kawaii*. (Encore une fois, félicitations ! C'est un excellent choix.) Vous êtes peut-être fan de l'univers kawaii ou vous aimez tout ce qui est hyper coloré et super mignon. Peu importe la raison de votre choix, sachez que vous êtes sur la bonne voie. La connexion entre les cartes et son détenteur est cruciale. Sans elle, c'est comme si vous parliez deux langues différentes.

Et, maintenant, place au jeu !

LE TAROT EST

UN GUIDE UTILE, MALIN, MYSTÉRIEUX ET PARFOIS FRUSTRANT SUR LES CHEMINS QUE VOTRE VIE A DÉJÀ SUIVIS ET QU'ELLE POURRAIT EMPRUNTER DANS L'AVENIR.

LE TAROT N'EST PAS

UNE GRILLE DE LECTURE HYPERPRÉCISE ET INFAILLIBLE, CAPABLE DE VOUS AIDER À FAIRE DES CHOIX ET DE PRÉDIRE AVEC UNE CERTITUDE ABSOLUE TOUT CE QUI POURRAIT VOUS ARRIVER.

L'HISTOIRE EN (TRÈS) BREF

Le tarot existe depuis des siècles sous différentes formes. Certains chercheurs ont trouvé des symboles et des thèmes qui pourraient remonter à l'Égypte ancienne. Les premiers récits dont on dispose datent du début du XVe siècle en Italie. À l'époque, la noblesse était très friande d'un jeu de cartes connu sous le nom de *tarocchini*. Les personnages figurant sur ces cartes généralement non numérotées ont largement inspiré les illustrations des jeux modernes.

Environ trois siècles plus tard, le jeu de tarot commença à prendre une dimension

plus spirituelle, voire magique, en France puis en Angleterre. Au XIXe siècle, une société secrète appelée l'Ordre hermétique de l'Aube dorée et ses membres, dont Aleister Crowley et Arthur Edward Waite, popularisèrent l'utilisation des cartes de tarot pour la divination, ou l'art de la connaissance ou de la compréhension de l'avenir. Ils contribuèrent également à normaliser le format du tarot que nous connaissons aujourd'hui : un jeu de 78 cartes dont les symboles représentent les étapes ou les influences de votre vie.

PRENEZ SOIN DE VOS CARTES...

Les néophytes ne réalisent pas toujours l'importance de l'entretien des cartes. Votre jeu de tarot n'est pas un objet utilitaire. Votre relation avec votre jeu est unique. Vous devez donc en prendre soin pour préserver les bonnes vibrations.

Pour commencer, vous devez nettoyer les cartes. Ce processus dit de « purification » permet d'éliminer toutes les impuretés spirituelles qu'ont pu accumuler les cartes avant d'arriver chez vous. Il existe plusieurs façons de procéder :

- Faites brûler un bâton de purification ou simplement de l'encens que vous aimez dans la pièce où vous rangerez les cartes.
- Laissez-les toute une nuit dans un endroit où elles baigneront dans l'éclat de la pleine lune.

... ET ELLES PRENDRONT SOIN DE VOUS

- Tenez le jeu dans votre main, et ayez des pensées positives et joyeuses.
- Rangez les cartes dans l'ordre et battez-les à nouveau.
- Savourez cet instant !

Puis trouvez l'endroit parfait pour ranger les cartes. Le plus simple et le plus précautionneux consiste à les envelopper dans du tissu et à les conserver à portée de main. Préférez les matériaux naturels (bois, tissu, soie) aux matériaux synthétiques (plastique). Mais, là encore, le plus important, c'est d'être attentif et de respecter vos cartes. Après tout, vous allez leur poser des questions importantes.

TYPE DE QUESTIONS À POSER À VOTRE TAROT

JE ME SENS COINCÉ. COMMENT FAIRE POUR PRENDRE UN NOUVEAU DÉPART DANS LA VIE ?

TYPE DE QUESTIONS À NE PAS POSER À VOTRE TAROT

J'ADORERAIS ÊTRE RICHE. VAIS-JE GAGNER À LA LOTERIE ?

COMMENT LIRE LES CARTES

C'est la partie la plus facile. Passez une semaine ou deux à battre vos cartes et à les passer en revue au hasard. Faites le vide dans votre tête. Donnez libre cours à vos pensées. Une fois que vous connaîtrez bien vos cartes, vous aurez plus de chances d'entendre ce qu'elles vous disent. Certains tiennent un carnet où ils notent leurs impressions sur les cartes pour pouvoir s'y référer plus tard.

Puis aménagez un endroit propice à la lecture des cartes. Votre environnement doit être à votre image. Vous pouvez écouter de la musique, mais vous devez éviter le désordre et les distractions. Le plus important est de se sentir détendu dans cet espace et d'avoir la place d'étaler les cartes. Essayez d'utiliser, si possible, le même cadre.

Au bout d'une semaine ou deux, et une fois que vous aurez apprivoisé les cartes, vous serez prêt à faire votre première lecture.

POUR BATTRE LES CARTES, IL EXISTE PLUSIEURS MÉTHODES

- Coupez le jeu en formant plusieurs piles et en les reclassant dans un ordre différent.

- Mélangez les cartes à l'américaine : divisez le jeu en deux, prenez une moitié dans chaque main, le pouce sur la tranche des cartes, et relâchez-les lentement chaque côté pour qu'elles s'intercalent.

- Étalez les cartes, face cachée, sur un tissu ou n'importe quelle surface propre (pour ne pas les salir). Mélangez-les avec les deux mains, puis rassemblez-les et formez une pile.

Répétez tout ou partie de ces opérations aussi souvent que vous le souhaitez jusqu'à ce que les cartes soient prêtes. L'important est de ne pas être distrait et d'être pleinement présent et attentif aux cartes qui circulent entre vos mains.

Coupez le jeu, faites des petits tas réguliers, puis refaites une pile. Lorsque vous sentez que le jeu est prêt, commencez à sélectionner votre ou vos cartes. Vous pouvez les tirer au hasard au-dessus, au-dessous ou au milieu.

Il existe de nombreuses façons de disposer les cartes de tarot. Vous devez choisir celle qui vous convient le mieux (et qui vous vient naturellement). Voici quelques possibilités :

TIRAGE À UNE CARTE

C'est la méthode la plus simple et la plus facile pour obtenir une réponse rapide pour soi-même ou pour quelqu'un d'autre. Certains parlent de tirage quotidien, car ils l'utilisent pour s'exercer en continu. Déployez les cartes en éventail ou coupez le jeu, pensez à une question et choisissez une carte.

TIRAGE À TROIS CARTES

C'est la méthode la plus courante, surtout pour débuter. Tirez trois cartes et posez-les à l'envers les unes à côté des autres. La carte de gauche représente le passé, la carte du milieu le présent et la carte de droite le futur. Vous pouvez leur affecter différentes significations (objectif, obstacle, solution/recherche, éviter, accepter).

À VOUS DE JOUER

Comme vous l'avez deviné, la lecture du tarot est moins une question de règles qu'une affaire entre vous et vos cartes. Vous pouvez aligner 12 cartes – une pour chacun des mois de l'année à venir – ou mélanger tout le jeu et tirer les cartes au hasard pour accéder plus vite à la sagesse en acceptant le caractère en apparence aléatoire de l'univers. Ce qui compte, c'est que vous vous focalisiez sur vous-même et sur la ou les cartes que vous avez devant vous, et que vous laissiez la vérité venir à vous. Vous pouvez même rebattre et redistribuer les cartes si le premier tirage ne vous inspire pas.

Voyons maintenant la signification que peuvent ou non avoir les cartes.

COMMENT RETOURNER LES CARTES

UNE FOIS LES CARTES ÉTALÉES, RETOURNEZ-LES DE GAUCHE À DROITE. SI VOUS VOUS TROMPEZ ET QUE VOUS LES RETOURNEZ DE BAS EN HAUT, ON PARLE D'INVERSION. DANS CE CAS, PRENEZ LA SIGNIFICATION QUE VOUS DONNEZ INITIALEMENT À LA CARTE, OU CELLE QUE NOUS VERRONS UN PEU PLUS LOIN, ET RETOURNEZ-LA DANS LE BON SENS. VOUS POUVEZ MÊME LE FAIRE DÉLIBÉRÉMENT !

• LES ARCANES MAJEURS •

Si le tarot était un sport professionnel, les 22 cartes des arcanes majeurs seraient la première division. Elles représentent des archétypes inspirés de la mythologie et du Moyen Âge.

Par leur statut, ces cartes portent le plus souvent sur des sujets profonds et fondamentaux. Elles nous intéressent pour leurs significations individuelles, mais aussi pour leur participation à une aventure plus vaste, voire mythique.

Les cartes sont numérotées de un à vingt et un, le Fou (ou Mat) étant le zéro (ce qui est nouveau, car, à une époque, cette carte n'était pas numérotée). Nous aborderons les cartes par ordre de numéro en énumérant les attributs qui leur sont le plus souvent associés et en suggérant des façons de réfléchir à leurs implications.

Ne prenez pas ces descriptions pour des définitions ou des certitudes. Ce sont plutôt des points de départ d'une aventure vers votre moi intérieur et vos futurs possibles.

LE
MAGICIEN

LE FOU

Le monde est rempli de dangers et de belles choses. Les chercherez-vous ? Tenterez-vous votre chance ? Quels risques êtes-vous prêt à prendre ? Allez-y. Le monde vous attend. Mais souvenez-vous. C'est un joker.

LE MAGICIEN

Ayez les pieds sur terre, mais gardez un œil sur ce qui se passe. Le moment est-il venu d'envisager de nouvelles possibilités ? Certaines d'entre elles étaient peut-être jusque-là cachées.

LA PAPESSE

Vous avez une voix intérieure. Mais vous ne l'écoutez peut-être pas. Déconnectez-vous du monde ! Écoutez votre subconscient. Que n'avez-vous pas entendu ?

L'IMPÉRATRICE

Pensez abondance, beauté, bienveillance et renaissance. Savourez ce que vous êtes et ce que vous avez. Demandez-vous ce que vous faites de vos nombreux talents.

L'EMPEREUR

Vous pouvez mettre de l'ordre dans le chaos, notamment en restant immobile. Ne vous excusez pas d'être vous-même. Mais le souverain reste au service des autres, malgré son trône.

LE PAPE

Vous pourriez être à l'aube d'accéder à la connaissance, à la sagesse et la grâce. Ou avoir envie de demander conseil. Il est fortement conseillé d'approfondir vos connaissances.

LA LUNE

Parfois, un rêve n'est qu'un rêve. Mais, parfois, un rêve peut aussi être un signal de votre imagination qui suggère de nouvelles voies ou vous alerte. Écoutez et apprenez.

LE SOLEIL

Certaines cartes sont moins équivoques que d'autres. Tout le monde aime celle-ci, signe de bonheur, d'espoir et de nouveaux départs. Pensez uveau et force. Imaginez tout ce que vous ez accomplir.

LE JUGEMENT

Tout acte provoque une réaction. Vous a-t-on fait du mal ? Avez-vous fait du mal à quelqu'un ? Regardez en arrière et demandez-vous comment avancer dans l'avenir, libéré des fardeaux et des jugements.

LE MONDE

Vous êtes entouré par le changement. Vous êtes peut-être épanoui et accompli. Vous avez le sentiment d'avoir encore beaucoup à faire. Est-ce la fin d'un voyage ou juste un début ?

• LES ARCANES MINEURS •

Les 56 cartes des arcanes mineurs traitent de situations moins fondamentales que les arcanes majeurs. Mais elles n'en ont pas pour autant moins d'importance. Elles parlent d'argent, de prise de décision et de relationnel, pour ne citer que quelques thèmes. Autant de sujets cruciaux !

Les arcanes mineurs ressemblent davantage aux cartes du tarot moderne. Ils sont regroupés en quatre séries de 14 cartes (dix cartes numérotées de l'As à 10, plus quatre cartes de cour : Valet, Cavalier, Reine et Roi), chacune étant associée à un élément ou à un aspect différent de la vie :

* Bâtons : feu, énergie, créativité, esprit (Bélier, Lion, Sagittaire).
* Deniers : terre, argent, objets (Capricorne, Taureau, Vierge).
* Coupes : eau, émotions, intuition, sentiments (Cancer, Poissons, Scorpion).
* Épées : air, intelligence, connaissance, changement (Verseau, Gémeaux, Balance).

LA SÉRIE DES BÂTONS

AS DE BÂTON

Réfléchissez à la source de votre inspiration. Avez-vous une passion profonde ? C'est peut-être le moment de la suivre. La situation peut être propice à la création, à l'invention, voire à la renaissance.

DEUX DE BÂTON

Vous avez progressé vers vos objectifs. Mais il reste du chemin à parcourir. Planifier la prochaine étape de votre voyage peut vous aider. Demandez-vous si vous voulez continuer comme avant ou rompre avec le passé.

TROIS DE BÂTON

Vous avez réussi. Mais de nouveaux défis vous attendent. Vous avez également la possibilité de trouver un partenaire capable de vous aider à atteindre le succès dont vous rêvez depuis longtemps.

QUATRE DE BÂTON

Vous avez fait un voyage. Le moment est peut-être venu de vous reposer. Trouvez un refuge et observez le chemin parcouru.

CINQ DE BÂTON

Les conflits et les désaccords peuvent être très perturbants, mais ils peuvent être aussi une source de renouveau. Tirez les leçons des différends. Que vous apprennent-ils ?

SIX DE BÂTON

Rien n'est parfait. Mais vous avez réussi à mobiliser vos compétences et à atteindre votre objectif. C'est peut-être le moment de savourer votre réussite.

SEPT DE BÂTON

Vous avez fait du chemin. Mais vous vous sentez un peu seul dans votre combat. Ou les autres sont contre vous. Vos chances sont peut-être minces, mais elles jouent en votre faveur.

HUIT DE BÂTON

La situation évolue. Il est peut-être temps de se mettre en mouvement. Emparez-vous de cette énergie et mettez-la à votre profit.

NEUF DE BÂTON

Vous avez l'impression que votre travail n'en finit jamais ou que les autres se liguent contre vous. Mais, vous avez tout ce qu'il vous faut pour réussir.

DIX DE BÂTON

Vous avez peut-être pris trop de responsabilités. C'est le moment de réfléchir à ce que vous avez accompli et à l'effort que vous avez fourni. Auriez-vous dû demander de l'aide ?

VALET DE BÂTON

Restez ouvert à la nouveauté et à l'enthousiasme. Rappelez-vous le frisson et l'incertitude de l'aventure. Tout cela fait partie du processus de renouveau.

CAVALIER DE BÂTON

Vous avez tout pour agir. Laissez-vous guider par votre enthousiasme et votre passion. Mais soyez prudent. Votre énergie est puissante. Assurez-vous qu'elle vous guide dans la bonne direction.

REINE DE BÂTON

Votre confiance est un atout. Votre chance aussi. Le charme, le magnétisme et l'optimisme attirent les autres dans votre orbite. Écoutez votre côté maternel. Veillez à ne pas trop donner.

ROI DE BÂTON

Un leader sommeille en vous. Montrez la voie et les autres vous feront confiance et vous suivront. Mais quelle est votre vision ? Où conduisez-vous les autres et vous-même ? Établissez un plan et réussissez.

LA SÉRIE DES DENIERS

AS DE DENIER

Une nouvelle opportunité s'est présentée. Vous avez peut-être une chance de réaliser ce que vous avez toujours voulu. Comment saisissez-vous ce moment ? Êtes-vous prêt à faire ce qu'il faut ?

DEUX DE DENIER

Vous avez beaucoup à faire. Comment gérez-vous vos priorités ? Arrivez-vous à jongler ou est-il temps de lever le pied ?

TROIS DE DENIER

Vous avez de nombreux talents. Mais vous n'avez pas tout obtenu par vos propres moyens. Vous avez reçu de l'aide.

QUATRE DE DENIER

Quand vous obtenez ce que vous avez longtemps désiré, il est naturel de vouloir le conserver. Mais faites-en trop et vous risquez de passer à côté. Protégez ce que vous avez. Mais n'oubliez pas d'en profiter.

CINQ DE DENIER

Quoi que vous fassiez, tout n'est pas rose. Si vous traversez une mauvaise passe, rappelez-vous que vous pouvez généralement trouver de l'aide. Il suffit de regarder autour de soi.

SIX DE DENIER

Vous avez eu de la chance ? Si oui, faites le bien autour de vous ! Rien n'exprime mieux votre reconnaissance pour tout ce que vous avez reçu que le don à autrui.

SEPT DE DENIER

Faire une pause peut être l'occasion de réévaluer la situation. Pour quoi travaillez-vous ? Avancez-vous dans la bonne direction ? Il est peut-être temps de consulter une carte.

HUIT DE DENIER

Vous avez des compétences. Mais vous pouvez toujours progresser. Voyez-vous comme un apprenti. Soyez dévoué, sérieux et sincère. C'est en forgeant qu'on devient forgeron.

NEUF DE DENIER

La prospérité et la réussite sont à portée de main. Vous avez quelque chose à célébrer. Êtes-vous un solitaire ou êtes-vous indépendant ? Apprenez à savourer.

DIX DE DENIER

De bonnes choses vont arriver ou sont déjà arrivées. Le moment est-il venu de regarder en arrière pour voir ce que vous avez fait et obtenu – richesse, famille ou toute chose rare et merveilleuse ?

VALET DE DENIER

Vous avez beaucoup à apprendre. La contemplation est source de réconfort. Certains pensent que vous rêvez, mais, en fait, vous réfléchissez et vous progressez. Veillez simplement à regarder où vous allez.

CAVALIER DE DENIER

Travailler sans relâche n'est peut-être pas une bonne chose, mais cela peut être satisfaisant. Vous êtes constant et responsable. Prévisible ? Parfois. Mais fiable. N'oubliez pas : vos efforts ont un but.

REINE DE DENIER

Prenez-vous soin des autres ou êtes-vous trop occupé à prendre soin de vous ? Il faut peut-être opérer un rééquilibrage. La sécurité a un prix, mais le jeu en vaut généralement la chandelle.

ROI DE DENIER

Votre dur labeur est parfois récompensé. C'est peut-être le moment de savourer ce que vous avez, que ce soit matériel ou une chose aussi simple, mais nécessaire, qu'un moment de détente.

LA SÉRIE DES COUPES

AS DE COUPE

Vos cinq sens vous disent que vous traversez une phase de grande richesse émotionnelle. Vous pourriez nouer de nouvelles relations ou renouer de plus anciennes. Vous pourriez vouloir prendre un nouveau départ. Allez-y ! (Mais ne vous laissez pas emporter.)

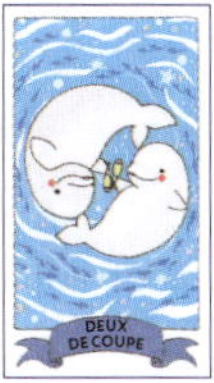

DEUX DE COUPE

L'union fait la force. L'harmonie et la coopération l'emportent sur la désunion. Une histoire d'amour ou d'amitié vous attend peut-être. Gardez les yeux et le cœur ouverts.

TROIS DE COUPE

Vous n'êtes pas seul. Vous pouvez être en lien avec votre entourage - communauté, famille, nouveaux et anciens amis, voire un vieil ennemi qui aurait tourné la page - ou faire de nouvelles connaissances.

CINQ DE COUPE

Vous avez peut-être perdu quelque chose d'important ou vécu un moment difficile qui a laissé des séquelles émotionnelles. Mais, si vous gardez la tête baissée, il est difficile de voir venir le bien.

CINQ DE COUPE

Vous avez peut-être perdu quelque chose d'important ou vécu un moment difficile qui a laissé des séquelles émotionnelles. Mais, si vous gardez la tête baissée, il est difficile de voir venir le bien.

SIX DE COUPE

Le passé est le passé, mais il ne disparaît jamais. Existe-t-il un endroit familier et fortement marqué où vous revenez sans cesse ? Y avez-vous un souvenir dont vous ne pouvez vous défaire – une sensation, une découverte, ou même une ancienne connaissance qui mérite d'être revue ?

SEPT DE COUPE

Certains choix peuvent répondre exactement à vos attentes. D'autres n'être que de belles illusions. Observez attentivement. Essayez d'y voir clair.

HUIT DE COUPE

Les victoires ne sont pas toujours faciles. Votre parcours est semé d'embûches. Donnez-vous plus de chances. N'ayez pas peur d'essayer une autre voie ou de demander de l'aide.

NEUF DE COUPE

La satisfaction est une récompense. Faites le point sur votre vie et vos amours. Savourez ce que vous avez accompli et ce que la vie vous offre. Faites-vous plaisir.

DIX DE COUPE

Vous n'avez peut-être pas tout ce que vous désirez. Mais avez-vous tout ce dont vous avez besoin ? Qu'est-ce qui compte vraiment ? C'est peut-être sous vos yeux ou au coin de la rue.

VALET DE COUPE

L'inspiration est comme l'éclair, en moins dangereux (en général). Elle ne se planifie pas, elle vous fait dresser les cheveux sur la tête, et peut vous aider à changer de regard.

CAVALIER DE COUPE

De nouvelles possibilités pourraient se présenter à vous. L'amour, l'aventure, une opportunité désirée depuis longtemps. Soyez détendu, mais prêt.

REINE DE COUPE

L'intuition et l'empathie vous guident. Parfois, vous pouvez dire ce dont les autres ont besoin avant eux. Et, parfois, vous cherchez des conseils.

ROI DE COUPE

Gardez votre équilibre. Restez au-dessus des querelles et du négatif. Ne refrénez pas vos sentiments. Orientez-les. Les autres respectent votre impartialité et votre sagesse. Ils voudront votre avis.

LA SÉRIE DES ÉPÉES

AS D'ÉPÉE

Vous êtes peut-être à la veille d'un grand progrès, que ce soit de votre situation ou de vos connaissances. Dans les deux cas, savourez.

DEUX D'ÉPÉE

Vous avez de grandes décisions à prendre pour votre avenir. Mais la voie à suivre n'est pas claire. Vous vous sentez coincé entre les deux ? Vous avez tous les outils nécessaires pour décider.

TROIS D'ÉPÉE

La défaite et la douleur sont inévitables. Mais elles ne sont pas permanentes. Affronter sa souffrance peut la réduire et même permettre de mieux la supporter la prochaine fois.

QUATRE D'ÉPÉE

Se couper du monde est une réaction tout à fait normale dans les moments difficiles. Essayez de vous reposer et de récupérer afin d'être prêt au moment de votre retour.

CINQ D'ÉPÉE

La victoire stimule la confiance. Le monde vous appartient. Mais rappelez-vous les enseignements de l'immortel Han Solo et évitez d'être arrogant.

SIX D'ÉPÉE

Les transitions sont souvent difficiles. Mais elles peuvent aussi être l'occasion de se débarrasser des fardeaux du passé. Affrontez l'avenir avec lucidité, honnêteté et optimisme.

SEPT D'ÉPÉE

L'honnêteté est toujours la meilleure politique. Sauf quand elle ne l'est pas. Parfois, la discrétion s'impose. Mais tout le monde n'est pas d'accord. Préparez-vous à toute éventualité.

HUIT D'ÉPÉE

Nous nous tendons nos propres pièges. La bonne nouvelle, c'est qu'ils sont plus faciles à gérer une fois qu'ils ont été repérés. Soyez vigilant.

NEUF D'ÉPÉE

Il n'y a pas de limite à vos inquiétudes. Certaines sont réelles, d'autres ne sont que des fantômes, des angoisses ou le fruit de votre imagination. Dissociez le réel de l'imaginaire.

DIX D'ÉPÉE

La situation peut sembler grave. En cas de coup dur, il est facile de perdre espoir. Mais vous êtes toujours debout. C'est le moment de se reconstruire.

VALET D'ÉPÉE

La concentration n'est pas votre point fort en ce moment. Les idées nouvelles, les opportunités et les rêves mettent votre cerveau en ébullition. Tentez de maîtriser ce flux ou voir où il vous mène.

CAVALIER D'ÉPÉE

Confiant dans vos croyances, vous allez de l'avant avec conviction. Soyez sûr de votre plan d'action. Êtes-vous satisfait de faire ce qu'il faut ou simplement d'agir ? Observez avant de vous lancer.

REINE D'ÉPÉE

La force peut être interprétée à tort pour de la sévérité. Vous êtes sage et indépendant, et vous avez des principes forts. Utilisez tous ces talents pour répondre aux questions qui vous sont posées.

ROI D'ÉPÉE

Être aux commandes peut être aussi simple qu'on le pense. Utilisez cette confiance pour agir. Placez la barre haut. Ne vous contentez pas d'un pis-aller. Mais n'oubliez pas de faire preuve de compassion

L'AVENTURE CONTINUE

L'astrologie

Certaines personnes, mais pas toutes, utilisent le tarot en astrologie. À chaque carte des arcanes majeurs correspondent des associations astrologiques spécifiques qui peuvent vous guider dans votre lecture (si tel est votre choix).

Le Fou – Air

Le Magicien – Mercure

La Papesse – Lune

L'Impératrice – Bélier

L'Empereur – Bélier

Le Pape – Taureau

Les Amoureux – Gémeaux

Le Chariot – Cancer

La Force – Lion

L'Ermite – Vierge

La Roue de la Fortune – Jupiter

La Justice – Balance

Le Pendu – Eau

La Mort - Scorpion

La Tempérance – Sagittaire

Le Diable – Capricorne

La Tour – Mars

L'Étoile – Verseau

La Lune – Poissons

Le Soleil – Soleil

Le Jugement – Feu

Le Monde – Saturne

Les jeux

Comme nous l'avons vu plus tôt, les illustrations des cartes de tarot viennent de jeux de cartes qui existaient en Europe il y a plusieurs siècles. Aujourd'hui, les cartes sont surtout utilisées dans l'art divinatoire, mais rien ne vous empêche de vous en servir pour jouer au tarot.

Les règles du tarot classique ont évolué au fil du temps au fur et à mesure que le jeu se répandait à travers l'Europe. Le *tarocchini* italien d'origine a donné lieu à des variantes jouées aujourd'hui encore en France, en Suisse et en Europe centrale. Dans *A History of Games Played with the Tarot Pack*, Michael Dummett et John McLeod nous font découvrir l'histoire et les règles du jeu de tarot.

Si vous n'avez aucune envie d'apprendre un nouveau jeu avec de nouvelles règles, vous pouvez tout à fait utiliser le jeu de tarot pour jouer au solitaire. Personne ne vous en voudra.

ISBN : 978-2-412-08185-3
Dépôt légal : octobre 2022
Imprimé en Chine

Traduction : Florence Paban
Directrice éditoriale : Marie-Anne Jost-Kotik
Responsable éditoriale : Aline Sibony
Éditrice : Cyrielle Londero
Mise en pages : Frédéric Voisin

Éditions First, un département d'Édi8
92, avenue de France - 75013 Paris
France
Tél : 01 44 16 09 00
Fax : 01 44 16 09 01
Email : firstinfo@efirst.com
Site Internet : www.editionsfirst.fr